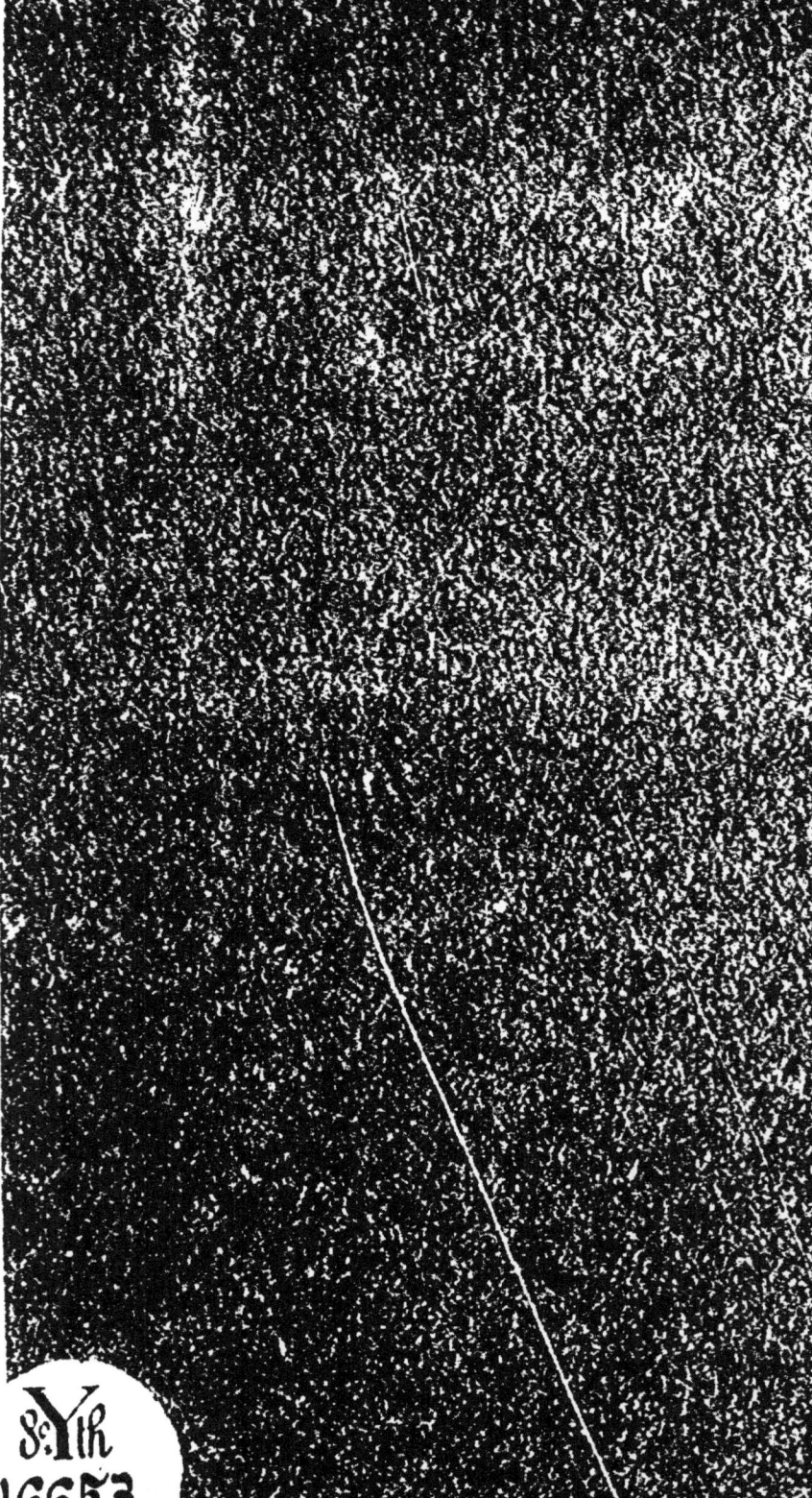

LA SOMNAMBULE

AU PONT-AUX-CHOUX,

FOLIE EN TROIS TABLEAUX,

Par MM. LAQUEYRIE et Ch. HUBERT;

Représentée, pour la première fois, à Paris, sur le Théâtre de la Gaîté, le 10 novembre 1827.

PARIS,
CHEZ BARBA, ÉDITEUR,
COUR DES FONTAINES, N. 7,
ET AU MAGASIN DE PIÈCES DE THÉATRE,
RUE SAINT-HONORÉ, N. 210, ANCIEN LOCAL DE LA CIVETTE.

1827.

PERSONNAGES.	ACTEURS.
Père LACHAUX, maçon.	MM. Joseph.
DUTOUPET, perruquier.	Bertin.
BELAMOUR, tambour-major.	Parent.
JACQUOT, garçon d'auberge.	Mercier.
Mme LECOQ, aubergiste.	Mmes Lacaille.
LOUISE, fille adoptive du père Lachaux.	Adolphe.

Blanchisseuses.
Tambours.
Maçons.
Enfans.
} Personnages muets.

(*La scène se passe à Paris.*)

S'adresser, pour la musique, à M. Hostié, compositeur, au Théâtre de la Gaîté.

Vu au Ministère de l'Intérieur, conformément à la décision de Son Excellence, en date de ce jour.
Paris, le 5 novembre 1827.

Le Chef du Bureau des Théâtres,
COUPART.

IMPRIMERIE DE DAVID, BOULEVART POISSONNIÈRE, N° 6.

LA SOMNAMBULE

DU PONT-AUX-CHOUX,

FOLIE EN TROIS TABLEAUX.

PREMIER TABLEAU.

(Le théâtre représente un carrefour ; à gauche, l'auberge de madame Lecoq, avec l'enseigne : *Au Pigeon d'or* ; à droite la boutique de Dutoupet ; à côté, un puits et une auge ; au fond, l'entrée d'un café.)

SCÈNE PREMIÈRE.

JACQUOT, *seul*.

(Il est assis à la porte de l'auberge et sur le coin d'un banc placé près d'une table couverte d'une nappe. Il a une pile d'assiettes sur ses genoux et un livre ouvert par-dessus.)

Le joli livre !... (*il lit.*) « La lune se levait, tout le monde était couché ; le beau chevalier... » C'est comme qui dirait moi. « Le beau chevalier se promenait seul dans la campagne. Tout-à-coup, il aperçoit quelque chose de très-blanc... » Comme moi. « De majestueux... » Comme moi. « de gigot... de gigottant... Non, non, je me trompe... de gigantesque... c'était un revenant, un fantôme !... »

(Madame Lecoq paraît avec une pile de draps et de serviettes sur les bras.)

SCÈNE II.

JACQUOT, Mad. LECOQ.

Mad. LECOQ, *contrefaisant Jacquot.*

Un fantôme!...

JACQUOT, *qui ne voit que les draps et les serviettes.*

Ah! mon Dieu!...

(Il laisse tomber le livre et les assiettes.)

Mad. LECOQ.

Là!...

(Deux garçons accourent au bruit, l'un débarrasse madame Lecoq de son linge et l'autre enlève le dégât causé par Jacquot.)

JACQUOT.

Par exemple, not' maîtresse, c'est vot' faute... Ça vous apprendra à faire le fantôme en personne naturelle. Vous pouvez ben dire que c'e t vous qui avez cassé tout ça.

Mad. LECOQ.

Ah! c'est moi?... Je te retiens les 21 francs 75 centimes que je te dois.

JACQUOT.

Retenir mes économies, ma dot tout entière, que j'ai promise à ma petite Louise!... Elle ne voudra plus de moi.

Mad LECOQ.

Elle ne voudra plus de toi?... Tant mieux, une autre en voudra.

JACQUOT.

Une autre?...

Mad. LECOQ.

Oui.

JACQUOT.

En voudra?...

Mad. LECOQ.

Oui.

JACQUOT.

Qui?...

Mad. LECOQ.

Moi.

JACQUOT.

Vous?... et M. Dutoupet, le perruquier d'en face; cet estimable individu, qui sifle et languit, qui case et déséche, qui enfin, soupire en détail toute la semaine et vous aime en gros le dimanche ?...

Mad. LECOQ.

Mais songe donc que cette petite Louise n'a rien et que moi, j'ai quelque chose...

JACQUOT.

J'aime mieux son rien.

Mad. LECOQ.

Réfléchis que tu mourras de faim avec elle.

JACQUOT.

Oh! que non! le sentiment fera bouillir la marmite... le bouillon sera maigre, d'accord; mais c'est égal.

Mad. LECOQ.

Epouse-moi, je te restaurerai.

JACQUOT.

Je n'aurais pas d'appétit.

Mad. LECOQ.

Mais Louise n'a pas de père.

JACQUOT.

Je n'aurai pas sa famille sur les bras. D'ailleurs tenez, en fait d' papa, par le temps qui court, vaut mieux une fille qui en a trop peu, qu'une fille qui en a davantage.

Mad. LECOQ.

Tu refuses une traiteuse à sept sous par tête ?... Tu refuses d'être mon septième mari?

JACQUOT.

J'aime mieux être le premier avec Louise. J' sais ben qu'elle n'est qu'une petite marchande de poires à trois d'un sou, devant le Cirque et le théâtre de la Gaîté ; mais c'est égal, en l'épousant j'augmenterai son commerce : elle aura la pomme.

Mad. LECOQ.

C'est assez. (*On entend battre la latte.*) Voilà deux heures, apprêtez le dîner des maçons; disposez les écuelles et faites ressortir les portions.

JACQUOT.

Oui, not' maîtresse. (*A part.*) Sont-ils heureux ces maçons, ils travaillent près de la lucarne de ma petite Louise. (*Il met le couvert, aidé d'un garçon qui a apporté les assiettes, écuelles, etc.*) Ah! v'là l' maître compagnon, mon futur beau-père... Tant mieux, il m'aidera à me défendre contre la bourgeoise.

SCÈNE III.

JACQUOT, LACHAUX, Mad. LECOQ.

LACHAUX.

Bonjour, la providence du Pont-aux-Choux; salut madame Lecoq, la poule la plus tendre du 7ᵉ arrondisssement.

mad. LECOQ.

Bonjour, bonjour.

LACHAUX.

Vous êtes sèche comme un vieux chêne qui se dépouille, madame Lecoq,.. ça ne fera rien à la soupe, n'est-ce pas?.. faut pas que votre froideur nuise au bouillon de l'établissement.

mad. LECOQ, *à Jacquot.*

Servez monsieur.

LACHAUX, *à Jacquot*

Qu'est-ce qu'elle a donc?... conte moi ça.

JACQUOT, *bas.*

C'est qu'elle est amoureuse de moi.

LACHAUX.

Pauvre garçon!... t'es un homme mort.

JAQUOT, *bas.*

Elle me veux pour son septième. Dites donc père Lachaux, moi qui ai tant peur des fantômes... Il me semble que j'en épouserais un.

LACHAUX, *bas.*

Et un qui n'serait pas pour de rire...Faut la faire revenir de bonne humeur. (*haut*) Ecoute donc, Jacquot, tu ne ferais peut-être pas si mal de te lancer dans les fourneaux.

mad. LECOQ, *qui est allée au puit laver les verres.*

Comment?...

LACHAUX.

Il balance sur vous, et je lui conseille d'arêter la balançoire.

Mad. LECOQ.

Vrai ?....

LACHAUX à part.

Elle ne voit pas que je me moque d'elle. (*Haut*) Vous avez des attraits aussi gras que votre cuisine ; une fraîcheur, une chaleur, une fureur.... (*bas*) Je ne sais plus ce que je dis.

Mad. LECOQ.

N'est-ce pas père Lachaux ?.... Peut-on vous offrir une bouteille à quinze ?

LACHAUX.

A vingt, même.

Mad. LECOQ.

Jacquot, une bouteille à vingt !

SCÈNE IV.

Les Mêmes, DUTOUPET.

DUTOUPET, *sortant de chez lui.*

Du vin à vingt ?... Présent !...

Mad. LECOQ, *à part.*

Qu'il arrive mal à propos !...

DUTOUPET.

Chère Colombe, vous parraissez rêveuse ? le mariage de Jacquot et de Louise, fait réfléchir ce cœur, première qualité ?... Vous savez que quand vous voudrez, je suis prêt à vous coiffer pour le mariage. Dites un mot, un petit oui, pas plus grand que cette petite bouche qui le prononcera, et Dutoupet tombe à vos genoux séducteurs !...

Mad. LECOQ, *à part.*

Quel embarras!... (*haut*) Vous me faites rougir jusqu'au blanc des paupières.... Vos manières pressantes..... Nous verrons, nous verrons M. Dutoupet.

LACHAUX, *bas.*

Elle lui dit nous verrons.

JACQUOT.

C'est qu'elle m'en menaçait aussi.

LES MAÇONS, *dans la coulisse.*

Pour la soupe (*bis.*)
Les maçons sont toujours là.

SCÈNE V.

Les Mêmes, LOUISE, Maçons.

LOUISE, *ayant un éventaire.*

A trois d'un sou les anglais !... à trois d'un sou !...

Mad. LECOQ.

C'est là ma rivale !....

LOUISE, *aux maçons qui l'entourent.*

Eh ! dites donc, les officiers de la bâtisse, est-ce que vous voulez démolir mon magasin ? vous me serrez comme dans un étau.

JAQUOT.

A quoi ça sert-il d'la presser comme ça ?... allez à vot' dîner, messieurs.

LACHAUX.

Et toi, as-tu déjeûné, Jacquot ?

TOUS, *imitant le perroquet.*

Oui, oui, oui, oui.

LACHAUX.

Allons, mes amis, rentrons dans nos assiettes ; à table !...

L'orchestre joue l'air : à table, à table ! à table !.. *sur lequel les maçons se placent.*

LOUISE, *quittant son éventaire, qu'elle pose sur l'auge.*

Ah ! te v'là, mon petit Jacquot ? tu vois, quand il n'y a plus personne, comme je suis tout de suite à toi.

JACQUOT.

Oui, tu me donnes la préférence.

DUTOUPET, *à mad. Lecoq.*

Cela ne vous touche pas, madame Lecoq.

Mad. LECOQ, *à part.*

Je bous !...

DUTOUPET.

Je vais peut-être faire sourire votre œil égaré. Le mar:age de Louise et de Jacquot, nécessitera une noce, acceptez pour y paraître, ce tablier.

(Il le déploie.)

Mad. LECOQ, *l'admirant.*

A la Giraffe !...

DUTOUPET.

Je pourais m'en faire deux cravates ; mais c'est égal. Acceptez aussi ce fichu.

(Il le déploie.)

Mad. LECOQ.

Aux Osages !....

DUTOUPET.

En mettant avec ça votre déshabillé à la Jocko, vous singerez tout ce qu'il y a de mieux, depuis le faubourg du Temple, jusqu'au Jardin des Plantes.

Mad. LECOQ.

C'est très-aimable, très-galant. (*à part*) Faut le ménager, en cas..... (*haut*) je vous remercie.

JACQUOT.

C'est ça, M. Dutoupet pense à ses amours, et aux nôtres, pas du tout.

DUTOUPET.

Qu'est-ce que vous dites donc ?... J'ai fais dresser votre contrat et d'une fière écriture : le futur en moyen, et la future en bâtarde.

LACHAUX, *bas à Louise.*

En bâtarde, dis donc ?....

(Louise pousse un gros soupir.)

DUTOUPET.

Vous m'avez aussi demandé une rose virginale ; le coiffeur de l'Opéra Comique m'en a donné une : c'est celle de la rosière de Joconde ; elle n'a servi que soixante-sept fois.

JACQUOT.

Quelle fraîcheur !...

DUTOUPET, *à mad. Lecoq.*

C'est celle-là qui vous irait !... (*à Louise*) J'ai encore l'anneau de mariage en argent, et la bague du sentiment en crin, avec des cœurs enrelacés de toutes les couleurs.

LOUISE, *soupirant.*

Tout ça me plonge dans une rêverie....

2

DUTOUPET.

C'est pas tout : il y a le ruban noir, au bout duquel est le portrait de rigueur...

LOUISE, *prenant le portrait.*

Que dites-vous?...

DUTOUPET, *bas.*

C'est celui de votre père... ou de votre mère, qu'on m'a remis là bas... au bout de la rue St.-Victor, quand j'ai été prendre des renseignemens sur votre famille.... v'là tout ce qu'on m'a donné.

LOUISE, *considérant le portrait.*

En effet ; est-ce un homme ?.... est-ce une femme ?.... c'est à la Silhouette... et cette couleur un peu sombre... comme ça me donne des idées noires !....

JACQUOT.

La v'là qui retombe dans ses rêvasseries !.... Louise ! Louise !... tiens, v'là les ouvriers qui ont fini... une petite ronde pour leur dessert.

LACHAUX.

Oui, oui, une ronde entre la poire, qu'ils n'ont pas eue, et le fromage, qu'ils n'auront pas.

TOUS.

Oui, une ronde !...

JACQUOT.

La batelière, c'est classique.

TOUS.

Oui, la batelière, la batelière !

LOUISE.

Air : *Et vogue la nacelle* (de Marie).

Belle particulière,
A qui j' fais les yeux doux,
Pour passer la rivière,
Fais-moi crédit d' deux sous.
T'auras, ma batelière,
Des baisers pour cautions ;   (*bis*)
Et vogue la galère
Qui porte mes affections.

TOUS, *en chœur.*

Et vogue la galère
Qui porte mes affections.

(On danse sur la ritournelle.)

LOUISE.

Réponse de la particulière.

A défaut de c' te somme,
Entrez dans mon bat'let ;
Mais surtout, beau jeune homme,
Ramez fort, s'il vous plait.
Ramer près d' sa bergère,
Est-il d' plus belles fonctions ?   (bis.)
Et vogue la galère
Qui porte mes affections.
TOUS, *en chœur.*
Et vogue la galère
Qui porte mes affections.

(On danse sur la ritournelle.)

LOUISE.

Mais v'là l'événement... attention à l'événement.

JACQUOT.

Ah! oui, l'événement... nous allons l'chanter ensemble, l'événement.

Mais tandis qu'il admire,
LOUISE.
La belle et son bateau,
JACQUOT.
V'là la barque qui chavire,
LOUISE.
Et v'là l's' amours dans l'eau !
JACQUOT.
Pour eux à la barrière,
LOUISE.
On fit deux souscriptions.   (bis)
ENSEMBLE.
Et vogue la galère
Qui porte mes affections.

(On danse sur la ritournelle.)

JACQUOT.

Oh! la jolie air ! la jolie air !....

DUTOUPET.

Jolie! comme cà... il faudrait là-dedans de bons tambours, comme dans les Zenriettes sentimentales de M. Crossini.

LOUISE, *reprenant son éventaire.*

Eh ben! eh ben !... eh ben!...

JACQUOT.

Eh ben quoi?...
LOUISE.

On m'a pris tous mes fruits pendant que je chantions, là... On ne m'a pas seulement laissé une poire pour la soif.
LACHAUX.

Qui qu'a volé ma fille adoptive?...
JACQUOT.

Un jour de noce, tout prendre à ma future!... C'est trop fort.
DUTOUPET.

Les amis, de la probité, même avec le sexe. Tenez, j'ai un moyen de faire rentrer cette jeunesse dans sa propriété.
LACHAUX.

Comment çà?...
DUTOUPET.

Donnez-moi un mouchoir.... Qu'est-ce qui a un mouchoir?... Quelqu'un a-t-il un mouchoir, par hasard?... Personne n'a de mouchoir?... Certainement madame Lecoq ne se mouche pas avec...
Mad. LECOQ, *lui donnant un mouchoir.*

Tenez.
DUTOUPET, *à Louise.*

Cher amour, ici.
LOUISE.

Quoique vous voulez donc me faire?...
DUTOUPET, *pliant le mouchoir en cravate sur ses genoux.*

Vous boucher un œil et vous empêcher de voir avec l'autre, en façon de colin-maillard, pour que celui qui sera pincé paie les fruits qu'on vous a escamotés.
LOUISE.

V'là une idée lumineuse.
JACQUOT, *bas à Louise.*

Laisse-toi couvrir les yeux et tu verras...
LOUISE.

Au contraire, j'y verrai pas.
JACQUOT, *bas.*

Tu verras que je les éloignerai tous et nous resterons seuls.

LOUISE, *les yeux bandés.*

Jacquot, tu crieras casse-cou.

DUTOUPET.

Allons, cherche, joli colin maillard.

JACQUOT.

Dites-donc, les autres ?... Une bonne farce... Laissons-la seule... Venez, venez.

MAD. LECOQ, *entraînant Jacquot.*

C'est ça ; viens Jacquot.

(Jacquot, qui voulait s'éloigner d'un autre côté, pour revenir près de Louise, témoigne de l'humeur en se voyant entraîné par madame Lecoq, qui rentre chez elle avec lui. Tout le monde sort, Louise reste seule.)

SCÈNE VI.

LOUISE, *seule.*

Ous qu'ils sont donc ?... J' n'entends pas un chat... dites-donc, vous autres ?... eh !... les autres ?... parlez-donc au moins ?... Jacquot ! Jacquot !...

SCÈNE VII.

LOUISE, BELAMOUR.

BELAMOUR, *entrant.*

J'ai envie de me repasser quelque chose par l'organe, avant d'aller à l'Opéra voir la Sottenambule, que le sergent des pompiers de service doit m' montrer dans l' cintre des machines.

LOUISE.

Ah ! j'entends quelqu'un.

BELAMOUR.

Il y a encore deux pas et une coulée d'ici à la grande Opéra ; entrons rafraîchir mon individu.

(Il se dirige vers l'auberge.)

LOUISE, *l'attrapant par l'habit.*

Ah! j'en tiens un!...

BELAMOUR, *se retournant.*

Qui arrête mon pan?...

LOUISE.

C'est vous qui paierez... ou plutôt c'est toi qui paieras, Jacquot; car je sens à mon cœur que c'est toi, et mon cœur ne m'a jamais trompé.

BELAMOUR.

Prends garde de l'perdre.

LOUISE, *ôtant le mouchoir.*

Ah! mon Dieu!...

BELAMOUR.

Salut, jeunesse.

LOUISE.

Tiens?... Qui donc que vous êtes?

BELAMOUR.

Tambour-major par état, bon garçon de temps en temps, et sensible toute l'année.

LOUISE.

On vous nomme?...

BELAMOUR.

Belamour, vu le physique, et l'homme des passions, par contre-coup.

LOUISE.

Belamour? Allons-donc, vous êtes un peu plus grand que le petit blondin, vous.

BELAMOUR.

Je m'en flatte.

LOUISE.

Et vous n'êtes pas tout-à-fait aussi beau que lui.

BELAMOUR.

Je m'en flatte z'encore; vu que je suis moins aveugle et plus masculin. (*A part.*) En avant la galanterie. (*Haut.*) Belle particulière, est-ce que mes moustaches, mes chevrons et ma tenue argentée ne vous donnent pas dans l'œil? Vous seriez l'unique! Parole d'honneur.

LOUISE.

J'aime mieux Jacquot.

BELAMOUR.

Jacquot?... Qu'est-ce que c'est qu' ça, Jacquot?... Le perroquet du commissaire, ou la perruche de la sage-femme?..

LOUISE.

Non; c'est mon amant ce matin, et mon mari demain au soir.

BELAMOUR, *à part.*

Ça presse!... Vite, Belamour, un nouveau croc en jambe à l'hymen. (*Haut.*) Etourdissant objet, nymphe du faubourg, vierge du canal, je dépose à vos pieds mes chevrons et ma canne.

(Il se met à genoux faisant en sorte que des taches y restent.)

LOUISE.

Dans la rue?.. Prenez donc garde à votre pantalon d'été.

BELAMOUR.

Je le risque. Soyez sensible, ou c'est me dire : Péris-toi !...

LOUISE.

L' plus souvent qu'on meurt comme ça.

SCÈNE VIII.

Les Mêmes, Mad. LECOQ.

Mad. LECOQ, *à part et paraissant sur le seuil de sa porte.*

Que vois-je?...(*Elle appelle à voix basse.*) Jacquot! Jacquot!...

BELAMOUR, *toujours à genoux.*

Si je n'en meurs pas, ce sera pour vous adorer les jours où je ne serai pas de service; et si j'en meurs, ce sera de vieillesse, pour avoir le plaisir de vous pleurer plus long-temps.

LOUISE.

Périssez-vous ou ne vous périssez-pas, ça m'est ben égal. Tout ce que vous me dites-là est charmant, magnifique; mais ça m'endort, et j' vas me reposer.... bonsoir. (*A part.*) L' plus souvent que j'écouterai c' grand échalas de régiment. Tout petit qu'il est, j'aime ben mieux mon Jacquot.

BELAMOUR.

Un mot, petite mère ?... (*Louise sort*) elle fuit !... elle a peur de céder... elle est à moitié séduite.

SCÈNE IX.

JACQUOT, BELAMOUR, Mad. LECOQ.

JACQUOT *furieux*.

Ah ! il y a un tambour ! nous allons voir qui fera le plus de bruit de nous deux.

BELAMOUR.

Qu'est-ce, petit ?...

JACQUOT.

Petit ?... la vengeance grandit, entendez-vous M. le soldat !

Mad. LECOQ, *à part*.

Mais il est très-bien, ce tambour-major... Taille superbe !.. moustache idem.

JACQUOT.

Niez que vous étiez aux pieds de Louise ?

BELAMOUR.

C'est possible.

JACQUOT.

Voyez ces genoux accusateurs !...

BELAMOUR.

Et quand cela serait, l'enflé ?...

Mad. LECOQ.

Combien M. le tambour a-t-il de mètres et de millimètres ?...

BELAMOUR.

Dix-huit centimètres.

JACQUOT.

C'est égal ; le civil n'a pas peur du militaire.

BELAMOUR, *levant sa canne*.

Conscrit, ton civil est bien malhonnête.

JACQUOT.

Je me moque de vot' canne, et si je prends ma broche..

BELAMOUR.

Ta broche?.. garde la pour un poulet de la grosse espèce, taillé sur ton patron.

JACQUOT.

Jour de Dieu!...

Mad. LECOQ.

Jacquot, éloignez-vous! éloignez-vous!

JACQUOT.

Ah! tu fais le malin!.. attends, attends; (*bas*) j'vas ameuter toutes nos blanchisseuses contre lui. (*haut*) Au revoir, général des baguettes.

(Il sort.)

SCÈNE X.

Mad. LECOQ, BELAMOUR.

BELAMOUR, *courant après Jacquot.*

Roquet!...

Mad. LECOQ, *l'arrêtant.*

Grâce!... grâce, bel homme!

BELAMOUR.

En criant grâce, vous vous appelez vous-même. (*à part*) Il est un peu soigné, celui-là; retombons sur l'aubergiste.

Mad. LECOQ.

Qui arrêtait l'enfant de Mars devant le Pigeon d'or?

BELAMOUR.

Le désir de mesurer dans mon porte voix le liquide de votre établissement.

Mad. LECOQ.

A vot' service, M. le géant.

BELAMOUR.

Vous m'obligerez, là, vrai. Cette petite algarade m'a encore altéré davantage.

Mad. LECOQ.

Et la scène d'amour d'auparavant.

BELAMOUR.

Enfantillage, belle brune.

Mad. LECOQ.

Bien vrai?

BELAMOUR.

Sur mon épée!...

(Il étend sa canne.)

3

MAD. LECOQ.

Ça suffit, c'est sacré !... mais chût !... j'aperçois Jacquot qui revient avec tout plein de monde.... ne vous montrez pas à ces jeunesses; (*à part*) elles n'auraient qu'à lui plaire.. (*haut*) ça pourrait vous échauffer,.... venez vous rafraîchir.

BELAMOUR.

Entrous, (*à part*) et gare à la cave, vu la soif en question.

Air : *Que d'attraits, que de majesté !*

SCÈNE XI.

JACQUOT, BLANCHISSEUSES.

(Il fait nuit.)

JACQUOT.

Oui, mes amies, il veut me couper l'herbe sous le pied avec sa canne d'argent. Faut l'engeoler de manière à le bafouer, à le faire aller là joliment, M. Belamour ; il va revenir... où vais-je vous placer ?.. voyons :... toi, Victoire, là, sous la table ou à côté; toi, Françoise ici, près du puits; toi, Magdelaine, auprès de la porte.... et toi Jeannette.... (M.) Ah ! mon Dieu !...

(On entend crier au dehors.)

Qu'est-ce que j'entends ?....

(Des femmes, des enfans, des ouvriers parcourent la scène en divers sens et se sauvent en criant.)

TOUS.

Le fantôme ! le fantôme !...

JACQUOT, *tremblant*.

Le fan, fan... le fantôme !.... le voil.... le voilà !....

TOUS.

Sauvons-nous ! sauvons-nous !...

(Tous se sauvent.)

JACQUOT.

Ah !... ren.... rentrons !... oui, rentrons. La porte est fermée !.. où... où me cacher ?... ah ! dans cette auge !....

il n'y a pas d'eau... mettons-nous-y... et cette nappe par dessus moi.

(Il s'est emparé de la nappe qui couvrait la table, et il se met dans l'auge. L'orchestre joue l'air : *Dodo, l'enfant do*, pour l'entrée de Louise.)

SCÈNE XII.

LOUISE, JACQUOT, *dans l'auge.*

(Louise, somnambule, entre l'œil fixe ; elle a du linge sur l'épaule et un panier à son bras dans lequel est du savon, une cravate et un battoir; elle s'arrête près du puits et y dépose son linge et son panier.)

LOUISE.

Oui, oui, père Lachaux... j'ai oublié de laver ce linge... n'vous fâchez pas : j'vas l'blanchir.

(L'orchestre joue l'air : *à l'eau ! à l'eau !* tandis que Louise tire un seau d'eau au puits.)

Un seau d'eau. (*Elle verse l'eau dans l'auge, on entend Jacquot frissonner.*) A présent savonnons.

(Elle savonne sur la margelle de l'auge, trempe son linge dans l'eau, l'en sort, le tord et le déploie.)

V'là qui est fait... elle est fameuse, la blancheur de ce linge là !.... (*elle place le linge sur l'anse du panier.*) Tiens, et moi qui oubliais mon pauvre Jacquot... c'est à dire, sa cravate des dimanches....

(Elle tire la cravate du panier et la savonne.)

Sera-t-il content, mon petit Jacquot !.... il est si bon ! faut ben l'en récompenser.

(Elle pose la cravate sur la tête de Jacquot et lui donne des coups de battoir. On entend Jacquot pousser quelque cris sourds.)

Il est si doux de donner des preuves d'amour à ce qu'on aime !....

(Nouveaux coups de battoir; nouveaux cris de Jacquot.)

Là.... c'est fini... allons reporter tout cela, et le mettre sécher à la lucarne de ma chambre.

(Reprise de l'air précédent. Louise sort lentement avec son panier et son linge.)

SCÈNE XIII.

JACQUOT, *seul, sortant de l'auge.*

Est-il parti, le fantôme blanchisseux ?... oui... ouf!... je suis moulu !... il va mettre sécher son linge, et moi donc ? il aurait beu dû me faire sécher aussi par dessus le marché.. ah!... si je pouvais faire mettre ce fantôme au violon !... (*il crie*) au secours !... au secours !...

SCÈNE XIV.

JACQUOT, DUTOUPET, LACHAUX, BELAMOUR, Mad. LECOQ, Blanchisseuses, Peuple, Maçons.

(Les maçons et blanchisseuses accourent de droite et de gauche. Dutoupet sort de chez lui et fait un mouvement de surprise bien marqué, en voyant madame Lecoq sortir aussi de chez elle avec le tambour-major.)

LACHAUX.

Que se passe-t-il ?...

BELAMOUR.

Qu'est-ce qu'il y a ?...

JACQUOT.

Il y a le fantôme qui m'a noyé, battu, savonné!.. ah! si Louise me voyait !...

BELAMOUR.

Où est-il, ce fantôme ?

JACQUOT, *marchant du côté par lequel Louise est disparue.*

Par là!...

TOUS.

Courons après lui !...

JACQUOT.

Oui, les jambes me manquent... faites-moi courir.

DUTOUPET.

Madame Lecoq !.. on est jaloux dans le genre du tigre de la ménagerie !...

Mad. LECOQ.

En ce cas, allez vivre avec l'ours blanc !

(Elle rentre et lui ferme la porte au nez; il rentre alors chez lui comme un homme désespéré. Tout le monde a couru après le fantôme; on a entraîné Jacquot.)

FIN DU PREMIER TABLEAU.

DEUXIÈME TABLEAU.

(Le théâtre représente une petite chambre de deux plans; un lit dans une alcôve fermée par une porte à deux battans garnis de rideaux. Portes latérales; une trappe à droite près de l'alcôve, une petite table et deux chaises.)

SCÈNE PREMIÈRE.

JACQUOT, seul.

(Il entre par la droite avec un chandelier à la main.)

Ce diable de fantôme, comme il m'a houspillé! c'est ce maître Lachaux qui veut que ce soit le père de Louise qui revient pour le mariage de sa fille... le père de Louise ne savonne pas. J'ai été obligé de changer d'habit; et par-dessus le marché, faut que je cède mon lit au tambour-major..... c'est vexant tout de même!... avec ça que j'avais mis sur le compte du chat un bon derrière de dindon que j'ai caché sous la paillasse.... (*il va le prendre*) il est là... le voilà, quelle mine! quelle odeur! je comptais m'en régaler cette nuit et je ne peux pas.... un moment, je fais une réflexion. Le Lovelace de la caserne Popincourt a le nez long.... s'il allait se trouver face à face avec mon dindon!.. cachons-le... où?... Eh! parbleu, dans la cave... il n'ira pas le chercher là... et demain, jour de mon mariage avec Louise, j'en ferai un petit souper particulier.

(Air: *l'eau m'en vient à la bouche*. Il va à la trappe, qu'il lève, cache son derrière de dindon, remonte et referme la trappe.)

V'là ma bête en sûreté. Je ne veux pas qu'on dise que ce

qui vient de la flûte retourne au,...... non... (M.) on vient ! mon dieu, s'il m'avait vu !

SCÈNE II.

BELAMOUR, Mad. LECOQ, JACQUOT.

mad. LECOQ *entre et dépose sur la table du vin, des verres et une lumière.*

M. le tambour-major, voilà votre appartement. Pour que la couleur du papier ne change pas, je n'en ai pas fait mettre.

BELAMOUR.
Aussi prudente que belle !.... c'est là mon lit ? il est un peu antique... c'est peut-être le vôtre ?...

JACQUOT.
Non, monsieur, c'est le mien.

BELAMOUR.
Ah! te voilà, petit crâne ! eh bien, es-tu appaisé ?...

Mad. LECOQ.
Dormez-vous bien, bel homme ?...

BELAMOUR.
Mes blessures m'en empêchent.

JACQUOT, *à part.*
Oh! ses blessures !..., il n'a jamais servi que rue Popincourt.

Mad. LECOQ.
C'est un jeune homme de la vieille garde (*haut*) Jacquot, mettez ces biscuits sur une assiette, et posez-les sur la table.

(Elle lui donne deux biscuits dans du papier et qu'elle tire de la poche de son tablier. Jacquot obéit.)

JACQUOT, *avec malice.*
Oui! not' maîtresse... dites donc, not' bourgeoise, faut-il mettre deux couverts ?...

BELAMOUR.
Ah ! dieu !

Mad. LECOQ, *piquée.*
Sortez !...

JACQUOT, *à part.*

Elle est vexée ! tant mieux.

(Il sort.)

SCÈNE III.

BELAMOUR, Mad. LECOQ.

BELAMOUR.

Le drôle fait le plaisant, je crois.

Mad. LECOQ, *minaudant.*

Il est un peu jaloux.

BELAMOUR.

Il vous aime ?.. il n'est pas dégoûté.

Mad. LECOQ.

Oui ; mais moi, je n'aime que les beaux hommes, que les grands hommes, que les hommes superbes.

BELAMOUR, *à part.*

Elle n'est pas dégoûtée non plus. (*haut*) Votre Jacquot, voyez-vous, me fait l'effet de ma canne coupée en d'eux.

(Un coucou sonne onze heures.)

Mad. LECOQ.

Ah ! mon dieu ! le coucou de la fruitière qui sonne onze heures !.. je ne peux pas rester plus long-temps, belhomme, la pudeur......

BELAMOUR.

Je lui livre bataille.

Mad. LECOQ.

Ah ! mon dieu ! mais la décence....

BELAMOUR.

Je m'en moque !...

Mad. LECOQ.

M. le tambour-major, vous n'abuserez pas...

BELAMOUR, *la poursuivant.*

Femme charmante !.. propriétaire adorable !.. aubergiste du Pigeon d'or, soyez sensible !

Mad. LECOQ.

Monsieur, permettez que je me retire... j'ai été d'une imprudence....

BELAMOUR.
Calmez-vous ; c'est pour le bon motif.
Mad. LECOQ.
En vérité ?
BELAMOUR.
Je ne vous demande que votre parole.
Mad. LECOQ.
Quand nous nous connaîtrons mieux.....
BELAMOUR.
Que la simple idée de votre petit avoir ?
Mad. LECOQ.
Quinze-cents francs de rente.
BELAMOUR.
Qu'un léger aperçu de votre cave ?
Mad. LECOQ.
Trente pièces de vin de toutes qualités.
BELAMOUR, *l'embrassant.*
Ah ! voilà la première signature du contrat !
Mad. LECOQ.
Petit scélérat !..... (*à part*) il sera mon septième !...
(Bruit souterrain. Air du fantôme de don Juan.)
BELAMOUR.
Quel est ce bruit ?...
Mad. LECOQ.
Je suis perdue !.... vous m'épouserez, n'est-ce pas ?....
(*voyant Louise qui lève la trape de la cave*) Ah! mon dieu, c'est le fantôme !...

(Elle fuit, Belamour veut la suivre, elle lui ferme la porte au nez.)

SCÈNE IV.

LOUISE, BELAMOUR.

(Louise sort de la cave, tenant une assiette sur laquelle est le derrière de dindon de Jacquot ; elle tient aussi de la même main des fourchettes et couteaux ; de l'autre, elle porte une lumière ; elle fait le tour de la chambre, l'œil fixe, et s'arrête au milieu de la scène, et comme par réflexion retourne vers la table sur laquelle elle dépose tout ce qu'elle tient.)

BELAMOUR, *la considérant.*
Et mais, c'est la petite de ce matin.

LOUISE, *somnambule.*

Personne n'a pu me voir…. (*elle appelle à voix basse.*) Jacquot! Jacquot!… ah! te voilà? toi qui as toujours faim, tu vas bien te régaler, regarde?.. déjeunons ensemble; tu le veux bien, n'est-ce pas?…

BELAMOUR.

Mais il me semble qu'elle dort… est-ce que ce serait aussi une sottenambule?…

LOUISE.

Tu as encore de l'humeur?… le colin-maillard de ce matin t'a contrarié parce qu'il m'a fait attraper ce grand escogriffe?… Est-ce que je voudrais d'un séducteur comme ça, moi? il en conte aux jeunes, il en conte aux vieilles, il en conterait à nos grand' mères.

BELAMOUR.

Elle m'aura vu avec Mad. Lecoq… ça lui revient à l'esprit.

LOUISE.

Ne sois plus fâché; allons viens, Jacquot, viens te mettre à table…. (*elle s'assied*) place-toi à côté de moi…. plus près…. plus près encore.

BELAMOUR *va s'asseoir.*

Me voilà… Il me semble que je suis à la grande Opéra.

LOUISE.

Cher Jacquot!… c'est donc aujourd'hui?…

BELAMOUR.

Aujourd'hui?… je ne sais pas quoi, mais c'est égal.

LOUISE.

J'ai toujours la rose.

BELAMOUR.

Ma rose?… oui, oui.

LOUISE.

Elle est là,.. sur mon cœur.

BELAMOUR.

Ça me rappelle qu'en 1807, dans une auberge comme ça…, pauvre Madeleine!… Suis-je bête, avec mes pleurs de sentiment!… si je mangeais, ça vaudrait mieux.

(*Il mange avec avidité.*)

LOUISE, *versant à boire.*

A ta santé.

4

BELAMOUR.
Volontiers, car j'étouffe.
(Il boit.)
LOUISE.
Jacquot, tu m'aimes toujours ?...
BELAMOUR, *comme un perroquet.*
Oui, oui, oui.
LOUISE.
Si tu me trompais, j'en mourrais !...
BELAMOUR, *mangeant.*
Pauvre enfant !... c'est si bon de vivre !...
LOUISE, *tendant la main.*
Tiens, Jacquot, prends...
BELAMOUR.
Elle veut que je lui prenne la main.
LOUISE.
Non, non, prends donc.
BELAMOUR.
Un baiser ?... que je suis bête !...
LOUISE.
Encore.
BELAMOUR.
Elles sont exigeantes, les sottenambules... Je réitère.
LOUISE.
A présent, bonsoir... je vas me coucher.
BELAMOUR, *à part.*
Faisons semblant... (*Haut.*) Bonsoir.
(Louise s'est levée ; il se lève aussi.)
LOUISE.
Demain... je te dirai quelque chose... tu verras.
BELAMOUR.
Je bous de curiosité !...
LOUISE.
Après ce ruban, il y a... tu verras. Adieu, mon ami... Tu t'en vas ?... C'est bien d'être docile... A demain... A demain, mon petit Jacquot...
(Elle fait le geste de fermer une porte, et de pousser un verrou.)
Il est bien sage... ce n'est pas là comme ferait ce grand tambour-major... Couchons-nous.
(Elle ôte son bonnet.)

BELAMOUR.

Ah ! ça mais...
(Louise ôte son fichu et son tablier, qu'elle dépose sur une chaise près de la table.)

Elle se déshabille devant le monde comme ces dames de la grande Opéra.
(Louise met sa marmotte.)

Elle se coiffe de nuit... c'est drôle tout d'même... (*Louise ôte ses sabots.*) Elle se déchausse !... Ça me bouleverse de fond en comble !
(Louise met un verre sur la chandelle en guise d'éteignoir, et va s'étendre sur le lit de repos, où elle ronfle aussitôt.)

Elle dort !... elle ronfle même... (*Il va la regarder de près.*) Est-elle gentille !... (M.) Me v'là dans une singulière position, au moins. (M.) Me v'là comme Joseph devant madame Boutifart... (M.) Ça me rend tout bête... (M.) Si je lui prenais tant seulement un petit baiser sur le front... (M.) Allons.. (M.) (*Il va pour l'embrasser, il aperçoit le portrait qu'elle a au col.*) Qu'est-ce que je vois au bout de ce ruban ?... (M.) Dieu ! (M.) Ciel !... (M.) Il se pourrait !... (M.) Les bras fléchissent, les jambes mollissent, les forces s'anéantissent !... O nature ! nature ! conduis-moi z'à la Pitié !... (M.)

(Air : *La pitié n'est pas de l'amour*. Il sort pas la trappe, emportant une chandelle et laissant sa canne sur le lit. Les portes de l'alcove se referment, et la trappe aussi.)

SCÈNE VI.

JACQUOT, seul.

(Il entr'ouvre la porte de gauche et entre à tâtons.)

Il doit être endormi, le maître Rantanplan... et moi, je dormirais aussi, si mon estomac ne m'éveillait... volons à ma dinde...(*Il va vers l'alcove et s'arrête.*) Tiens, j'allais au lit du tambour.... c'est pas là... (*Par réflexion.*) Si madame Lecoq... ça serait farce, tout d'même... (*Il heurte la table et sent les deux couverts.*) Deux couverts !... un tête-à-tête ?... j'en étais sûr. (*Il met les mains dans le plat du dindon.*) Des os !... c'est madame Lecoq !... plus de doute.... Vengeons-nous en faisant un éclat, un scandale...

crions au feu. (*Il court à droite et à gauche et crie à voix basse :*) Au feu ! au feu ! au feu !...

SCÈNE VII.
DUTOUPET, JACQUOT.

DUTOUPET, *sa bouillotte à la main.*
Au feu ?... v'là ma bouillotte, où faut-il la verser ?...

JACQUOT.
Ah ! monsieur le perruquier, madame Lecoq vous fait une fameuse queue, allez.

DUTOUPET.
Madame Lecoq ?...

JACQUOT.
Vous êtes né coiffé.

DUTOUPET.
Je ne vous comprends pas.

JACQUOT.
Savez-vous où est le tambour ?

DUTOUPET.
Non.

JACQUOT, *montrant l'alcove.*
Il est là !

DUTOUPET.
Le tambour ?... si c'est sa chambre.

JACQUOT.
Savez-vous où est madame Lecoq ?

DUTOUPET.
Dans son lit, apparemment.

JACQUOT, *même jeu.*
Elle est là !...

DUTOUPET.
Là !... j'ai mon rasoir !

JACQUOT.
Arrêtez ! faut du bruit, de l'esclandre.

DUTOUPET, *tirant son cuir et y passant son rasoir.*
Il faut... leur mort ! j'vas les raser.

JACQUOT.
Du tout, il faut qu'ils vivent déshonorés et z'honteux. (*Il crie de tous côtés.*) Au secours !... au feu !... au secours...

(Air : *Ah ! quel scandale abominable !* Tout le monde accourt aux cris de Jacquot, avec des bougeoirs à la main.)

SCÈNE VIII.

Les Mêmes, TOUT LE MONDE DE L'AUBERGE, *excepté* Mad. LECOQ.

TOUS.

Qu'y a-t-il?..

JACQUOT.

Tout le monde est-il réuni!... Vous allez voir, mes amis, vous allez voir.

DUTOUPET.

Plancher, entr'ouvre-toi!...

(*Jacquot ouvre les deux battans de l'alcove, où l'on voit Louise endormie.*)

TOUS.

C'est Louise!...

JACQUOT, *apercevant la canne de Belamour, s'en empare et s'écrie.*

Louise!... et la canne du tambour!...

DUTOUPET.

Ah!... l'haleine me revient.

SCÈNE IX.

Les Mêmes, Mad. LECOQ, *en pet-en-l'air.*

Mad. LECOQ.

Qu'y a-t-il donc?... (*Voyant Louise sur le lit.*) Fi! l'horreur!...

JACQUOT, *secouant Louise.*

Malheureuse!... dormiras-tu jusqu'au jour?...

LOUISE, *s'éveillant.*

Que vois-je?... ah! Jacquot, cache-moi!...

JACQUOT.

C'est ça, cache-moi. Perfide!... plus de mariage! plus de bonheur!... plus de Jacquot! Madame Lecoq, recevez-moi dans votre sein.

LOUISE.

Je ne conçois pas...

JACQUOT, *tirant un papier de sa poche.*

Tiens, tu vois not' contrat? Le v'là déchiré comme mon cœur.

LOUISE.

Ah! Jacquot!...

JACQUOT, *lui retirant une bague du doigt.*

Tu vois c'te bague que je t'ai donnée?

LOUISE.

Eh bien!...

JACQUOT.

Je te la reprends, et je la redonne...

LOUISE.

A qui?

JACQUOT.

A madame Lecoq.

(Il la lui passe au doigt.)

DUTOUPET, *indigné.*

Jacquot!...

JACQUOT.

Dans mon désespoir, je ne me connais plus... je ne sais plus ce que je fais... j'épouserais le diable, les fantômes, les furies!... Madame Lecoq, je vous épouse!

DUTOUPET.

Madame Lecoq!...

MAD. LECOQ, *tenant Jacquot entre ses bras.*

Je veux aider ce jeune homme à se consoler.

LOUISE, *se trouvant mal.*

Emportez-moi, vous autres, ou j'vas tomber!

(Avant de se trouver mal, elle veut encore supplier Jacquot, elle le prend par une jambe. Jacquot exaspéré lève sur elle la canne du tambour, qu'on s'empresse de retenir par derrière; les garçons emportent Jacquot; les filles emportent Louise. C'est au milieu de ce tableau de désolation, que Dutoupet s'écrie:)

DUTOUPET.

Madame Lecoq, vous connaissez le lion du Jardin des Plantes? Il est moins féroce que je ne le serai!...

(Madame Lecoq envoie promener Dutoupet; ils sortent chacun de leur côté.)

FIN DU DEUXIÈME TABLEAU.

TROISIÈME TABLEAU.

—•—

(Le théâtre représente une terrasse au 4ᵉ étage, qui prend deux plans. Dans le fond, les étages supérieurs échafaudés jusqu'au toit, où sont plusieurs lucarnes et notamment celle de Louise, qui se trouve au milieu.)

SCÈNE PREMIÈRE.

DUTOUPET, Maçons.

(Au lever du rideau, ou aussitôt après le changement, on voit des maçons monter aux échelles de l'échafaudage et travailler à la maison; les uns portent du plâtre, les autres le mettent en œuvre; ceux-ci montent, ceux-là descendent; le tout jusqu'à l'entrée de Jacquot. — Dutoupet entre avec une tête à perruque garnie d'une perruque et sur son pied.)

DUTOUPET.

Je pars!... et j'emporte avec moi la perruque de madame Lecoq; je me consolerai de ses rigueurs en la frisant. Une si belle perruque blonde, qui cachait avec tant de grâce ses beaux cheveux blancs. (M.) Cheveux adorés auxquels, sans reproche, je mettais des papillottes de la nouvelle invention rue Grenétat, à 40 sols le mille!... L'infidèle!... (M.) Dire qu'elle va réussir dans son septième mariage, et que moi, voilà le quarante-troisième que je manque. (M.) C'est fini, partons, et allons porter nos talens et nos pleurs, nos peignes et notre amour dans un autre quartier, dans un autre hébisphère... Allons dans le département d'Ile et Vilaine... Mais non, son image m'y poursuivrait encore... Partons pour Sceaux !...

(Air : *Quittons ces lieux*, etc., du *Déserteur*.)

SCÈNE II.

DUTOUPET, JACQUOT.

(Dutoupet a fait une fausse sortie ; ne pouvant s'éloigner de sa perruque, il revient à elle et y reste en contemplation.)

JACQUOT, *tenant la canne du tambour-major.*

J'ai voulu voir encore une fois de près la lucarne de la perfide... C'est pour ça que je suis venu prendre l'air sur la terrasse du quatrième... Y a-t-il quelqu'un ici qui conçoive quelqu'chose au cœur d'une femme ?... Qu'il me le dise... Elle vous embrasse, et vous trompe !... Elle vous épouse, et... (*frappant son front*) Dieu !... que cette canne adultère me pèse dans la main !.... Bambou séducteur !...

DUTOUPET, *toujours devant sa perruque qui l'occupe tout entier.*

Perruque chérie !...

JACQUOT, *à sa canne.*

Ton argent a ébloui les yeux de mon objet !

DUTOUPET, *à sa perruque.*

Tes boucles ondoyantes et odoriférantes, n'ont pu enchaîner la cruelle !

JACQUOT, *poussant un soupir.*

Ah !...

DUTOUPET, *en poussant un autre.*

Oh !... (*Il se retourne et voit Jacquot :*) C'est donc toi qui me ravis ma félicité ?...

JACQUOT.

Je suis deux fois malheureux : je perds Louise et j'épouse madame Lecoq !... Ah ! si je ne m'étais pas tant avancé...

DUTOUPET, *le poussant.*

Eh bien, recule.

JACQUOT.

C'est si facile, avec elle !...

DUTOUPET, *le poussant encore.*

Recule !...

JACQUOT.

Si je la voyais là, encore.

DUTOUPET.

Si ce n'est que cela, je te l'amène. Elle est déjà parée de la couronne nuptiale ; elle a le bouquet de mariée, le voile de l'innocence...

JACQUOT.

Ah ! je reculerai !...

DUTOUPET.

Tout espoir n'est pas encore perdu !...

(Il sort sur l'air : *Je vais revoir celle que j'aime.*)

SCÈNE III.

JACQUOT, *d'abord seul, ensuite* LE PÈRE **LACHAUX**.

JACQUOT, *après s'être promené en long et en large sur la scène.*

Quand je me promènerais éternellement la canne à la main, je n'en serais pas plus heureux.

LACHAUX, *appelant au dehors.*

Jacquot !... Jacquot !... (*entrant*) ah ! te voilà ?

JACQUOT.

Ah ! père Lachaux !...

LACHAUX.

Qu'as-tu ?...

JACQUOT.

Ah ! père Lachaux !...

LACHAUX.

Je te dis pour la troisième fois, qu'as-tu ?.. Je ne vois ici que des douleurs, des pleurs, des vapeurs... qu'a-t-on ?...

JACQUOT.

Qu'ai-je ?...

LACHAUX.

Je te donne ma fille adoptive et ses vingt ans ; je t'ai loué pour soixante francs par an, un superbe magasin à bail, pour six mois....

JACQUOT.

Un magasin ?... c'est un tombeau, qu'il me faudrait !

LACHAUX.

Comment tu voudrais un Ci-gît ?....

JACQUOT, *montrant sa canne.*

Voyez ce jonc que j'ai !...

5

LACHAUX.

Te ferais-tu comparse au Cirque, ou à la Gaîté?

JACQUOT.

Je me fais malheureux!... Louise m'a trahi... elle veut aller tambour battant.

LACHAUX.

Elle?... si je le savais, je la mènerais à la baguette!

JACQUOT.

Je l'ai trouvée dans la chambre de Belamour.

LACHAUX.

Fille légère!...

JACQUOT.

Les portes de l'alcôve étaient fermées!...

LACHAUX.

Fille plus que légère!...

JACQUOT.

Et en les ouvrant, je l'ai vue côte-à-côte avec cette canne criminelle!...

LACHAUX.

Fille extrêmement trop légère!... où était le séducteur?...

JACQUOT.

Il avait pris la porte.

LACHAUX.

Prends garde, Jacquot, aux jugemens homicides... Louise n'a jamais fait parler d'elle, qu'avec réserve.

JACQUOT.

Justement, le tambour-maître est de la réserve!...

LACHAUX.

C'est une fille d'honneur, et je la crois aussi pure que défunte Jeanne-d'Arc, la héroïne d'Orléans.

JACQUOT.

Est-ce que j'ai jamais connu ça, moi, Jeanne-d'Arc?... Ah! si, je me rappelle qu'il y a eu bien des propos là-dessus, et dans le temps, ça a fait de fiers cancans dans le camp.

LACHAUX.

Comment, malheureux, tu calomnies Jeanne-d'Arc!... tu oses calomnier la héroïne la plus... va, tu es capable de tout; et malgré tout ce que tu peux dire, je crois ma Louise innocente et vertueuse comme on ne l'est pas.

JACQUOT.

Ah! dame, moi j'veux une fleur de vertu ou rien du tout, et alors, j'épouse Mad. Lecoq.

LACHAUX.

Madame Lecoq!... tu épouse Mad. Lecoq?... qu'est ce que c'est que cette mauvaise farce là?...

JACQUOT,

C'est pas du tout une farce, père Lachaux. Mad. Lecoq a mon anneau; elle est déjà habillée en mariée; l'maire de l'arrondissement vous attend; les témoins sont en grande tenue; le fiacre à l'heure et à lanternes est en bas; n'y a plus moyen de s'dédire: faut sauter le pas!...

SCÈNE IV.

Les Mêmes, DUTOUPET, Mad. LECOQ.

DUTOUPET, *présentant Mad. Lecoq en mariée.*

Sautes, si tu l'oses!...

MAD. LECOQ.

Saute, cher Jacquot?...

JACQUOT, *reculant.*

Ah!... la la la la!... (M.)

LACHAUX.

Il est donc vrai, tu l'épouses?...

JACQUOT.

Eh ben... oui.

DUTOUPET.

Mais regarde la donc?... tu m'avais promis...

JACQUOT.

C'est égal je me risque.

DUTOUPET.

Il vous épouse, mad. Lecoq!...

MAD. LECOQ.

Allons, Jacquot, volons à la municipalité.

JACQUOT.

Un moment!.. quel jour est-ce, au jour d'aujourd'hui?..

MAD. LECOQ.

Vendredi.

JACQUOT, *soupirant.*

Ah!.... le numéro du fiacre?..,

MAD. LECOQ.

Numéro 13.

JACQUOT, même jeu.

Ah !... regardez-moi.... (*il montre la figure de Mad. Lecoq.*) Tous les malheurs réunis !.... marchons !...

(Air : *Ah ! je le tiens !...* sur lequel madame Lecoq prend le bras de Jacquot et se met en marche.)

DUTOUPET, à part.

Dutoupet, tu perds ta Lecoq !...

SCÈNE V.

Les Mêmes, BELAMOUR, TAMBOURS, PEUPLE.

BELAMOUR, arrêtant le cortège.

Arrêtez !... je viens payer les frais de la noce de Jacquot et de Louise.

DUTOUPET.

Il arrive bien.

JACQUOT.

M. Rantanplan, vous commandez donc sans votre toise ?

BELAMOUR.

Tu me la rapportes ?... c'est bien aimable. (*Il reprend sa canne, et dit aux tambours*) Camarades, voilà le futur, un petit air de fifre.

(On joue l'air : *Cocu, cocu, etc.*, que les tambours accompagnent.)

JACQUOT.

Qu'est ce que c'est que cet air qu'ils nous jouent là ?...

Mad. LECOQ.

Finissons ces mauvaises plaisanteries.

BELAMOUR.

Un air de fifre, pour appaiser madame.

(On joue l'air : *Nous nous marierons dimanche*, que les tambours accompagnent également. — Belamour s'adressant au père Lachaux :)

L'ancien, embrassez-moi.

LACHAUX.

Pourquoi faire ?...

BELAMOUR.

Pour les soins que vous avez donnés à ma Louise.

JACQUOT, furieux.

A sa Louise !...

Mad. LECOQ.

Il l'avoue, le corrupteur!

DUTOUPET.

Comment, c'est votre Louise et vous la donnez à un autre?

BELAMOUR.

Qu'est-ce que vous dites, l'ami?... Avez-vous jamais vu un père jaloux du bonheur de son gendre?

JACQUOT.

Vous, le père de Louise?...

BELAMOUR.

Un peu. J'ai reconnu cette nuit au cou de Louise, le portrait z'à la Silhouette... C'était le mien.

JACQUOT.

Qu'on a remis à l'hospice là-bas?

BELAMOUR.

Et! oui, malin! C'est le renseignement que nous avions mis à cette chère enfant; et item présent pour la paternité.

JACQUOT.

Il se pourrait!.. Louise... elle serait... elle ne serait pas?.. Dieu de Dieu! suis-je t'y content!... (*Il appelle du côté de la lucarne.*) Louise! Louise!... (*A madame Lecoq, qui veut le retenir et qui le prend par le bras.*) Lâchez-moi donc, vous allez déchirer ma manche!... (*Il appelle encore.*) Louise! Louise!...

Mad. LECOQ, *chancelant.*

Je me meurs!...

(*Elle tombe dans les bras de Dutoupet.*)

JACQUOT.

Qu'elle vienne!... qu'elle vienne!...

Mad. LECOQ, *se relevant subitement.*

Qu'est-ce que tu dis, petit monstre!... Ah! tu m'appartiens!...

JACQUOT.

Louise!... Louise!...

DUTOUPET.

Je l'entends...

BELAMOUR.

La voix de la nature est si forte que pour peu que trois tambours s'en mêlent...

(*Il fait un signe; les tambours battent et l'orchestre joue l'air : Me voilà! me voilà! de la Clochette.*)

SCÈNE VI.

Les Mêmes, LOUISE, *presque en chemise et somnambule.*

(Elle paraît à la lucarne, qu'elle escalade, descend sur le toit, et le parcourt ; elle tient une lanterne allumée à la main ; arrivée au bout du toit, elle met le pied sur une partie de maçonnerie non achevée et qui s'écroule sous ses pas ; cri d'effroi parmi les personnages. Louise alors rétrograde et vient en scène, après avoir descendu toutes les échelles de l'échafaudage.)

JACQUOT.

Elle était le fantôme, une si jolie fille!... Qu'est-ce qu'aurait cru ça?...

BELAMOUR.

Motus!

DUTOUPET.

Elle marche en rêvant.

LACHAUX.

Non, elle rêve en marchant.

LOUISE.

Je n'entends plus cette noce qui me faisait tant de mal... ils sont à la mairie du septième... on les unit... Ah! prions encore pour mon pauvre Jacquot.

(Elle dépose sa lanterne à terre et s'agenouille.)

JACQUOT.

Ça me fend le cœur!

LOUISE.

Les v'là donc mariés... et moi, je reste seule!... mon anneau... je ne l'ai plus ; mais le souvenir de son image est toujours là... front carré, visage ovale, bouche en cœur.

JACQUOT.

Oh! que c'est bien ça!

Mad. LECOQ.

Je suis émue comme à mon premier mariage.

DUTOUPET.

Heureuse mémoire!

LOUISE.

J'ai encore là quelque chose de lui.

JACQUOT.

Qu'est-ce qu'elle a donc de moi?...

BELAMOUR.

Silence, amour; parle, nature!

LOUISE, *tirant la rose de son sein.*

Personne ne me voit... rose qu'il m'a donnée.... tu ne sens rien; mais c'est égal.. elle est flétrie comme mon cœur.

TOUS.

Pauvre fille!...

Mad. LECOQ.

Ah! je n'y tiens plus!... Jacquot, épouse ta dormeuse éternelle.

JACQUOT.

Oui, oui... vite, ma bague.

(Madame Lecoq lui rend la bague, qu'il met au doigt de Louise.)

BELAMOUR.

Le voile?...

Mad. LECOQ, *se décoiffant.*

Tenez.

DUTOUPET.

Le bouquet?...

Mad. LECOQ, *le donnant.*

Le voici.

(On a mis la couronne et le voile à Louise, qui est toujours à genoux. Dutoupet donne le bouquet à Jacquot, qui s'empresse de le placer au côté de son amante.)

LACHAUX.

La robe?...

Mad. LECOQ.

Ah! Messieurs, la décence!...

BELAMOUR.

Elle a raison, la mère, la décence avant tout.

LOUISE.

Allons, puisqu'ils sont unis... retirons-nous. (*Elle ramasse sa lanterne, se relève et faisant la révérence:*) Adieu, M. le maire; vot' servante, M. l'adjoint... bien des complimens chez vous. (M.)

(Elle remonte aux échelles et regagne le toit.)

JACQUOT.

Je la suis!...

BELAMOUR.

Moi de même.

LACHAUX.

A mon tour.

DUTOUPET.

J'en serai.

Mad. LECOQ.

Il ne sera pas dit que je reste.

(Tous montent sur les échafaudages ; Louise et Jacquot sur le plancher supérieur ; Dutoupet et madame Lecoq sur l'inférieur, ainsi qu'une partie des témoins. Les tambours restent en bas avec le peuple ; Belamour parait à la lucarne de Louise.)

BELAMOUR, *élevant sa canne.*

Comme il faut la réveiller doucement... Tambours!...

(Roulement.)

LOUISE, *se réveillant.*

Que vois-je ?...

JACQUOT, *à ses pieds.*

Ma Louise !...

BELAMOUR.

Ma fille !...

JACQUOT.

C'est ton Jacquot !

BELAMOUR.

C'est ton père !..

LOUISE.

Qu'entends-je ?... Ah ! si c'est un songe, ne me réveillez pas !...

JACQUOT.

Non, non, Louise.

(Louise pousse un cri de joie et se jette dans les bras de Jacquot.)

BELAMOUR.

Mes enfans, je vous bénis !

(Il étend sa canne au-dessus des amans ; l'orchestre joue l'air : *Formons, formons les nœuds les plus doux* ; les tambours exécutent un roulement et la toile tombe sur ce tableau.)

FIN.

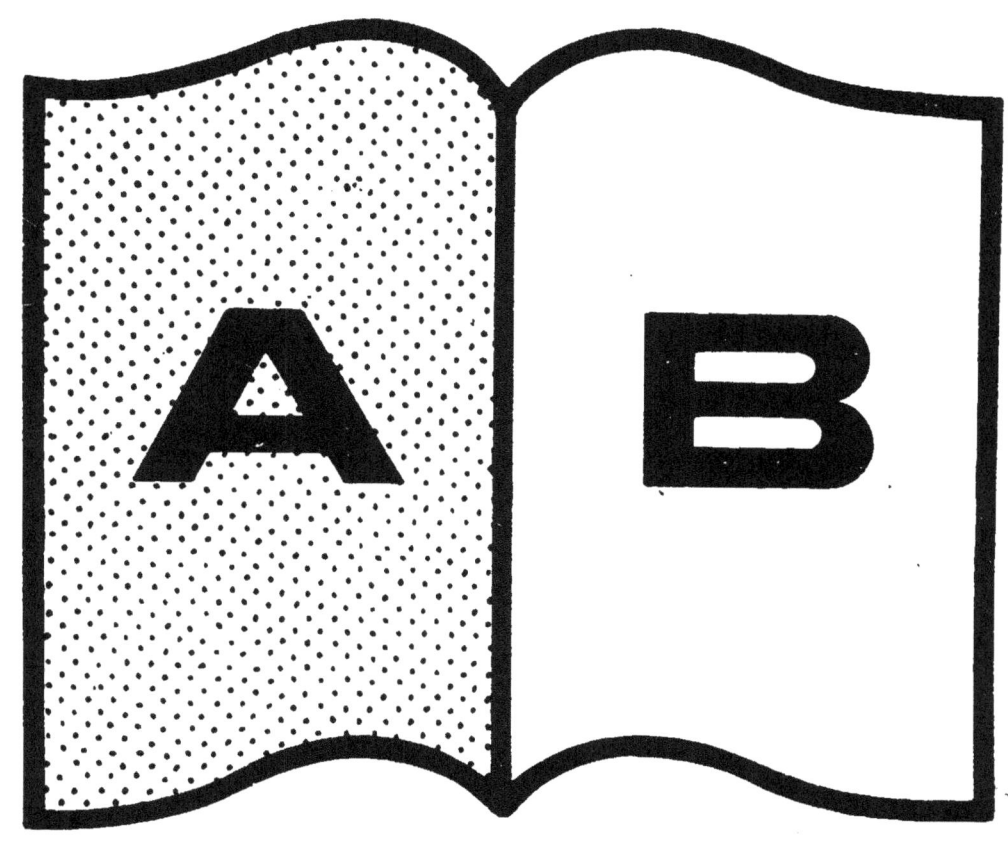

Contraste insuffisant

NF Z 43-120-14

www.ingramcontent.com/pod-product-compliance
Lightning Source LLC
Chambersburg PA
CBHW060503050426
42451CB00009B/792